SABE DOR? RIA!

PATRICK DADALTO

SABE DOR? RIA!

O MUNDO NÃO VAI BEM, MAS SE VOCÊ FOR, ELE JÁ COMEÇA A MELHORAR!

Ao adquirir este livro, você estará
contribuindo com o trabalho solidário
realizado por Patrick Dadalto
em todo o Brasil.

Gratidão, paz e bem!

Acompanhe as atividades em:
🔲 patrickdadalto

Dedicatória

A dedicatória nem é exatamente sobre o livro, é sobre minha vida, em que o livro é apenas um fruto e eu sou um outro, desses a quem dedico: papai (Leonides Dadalto), mamãe (Etelvina de A. Dadalto) e meu mentor espiritual (que "por acaso", é meu irmão, Leonardo Dadalto). Tudo o que irão ver por aqui e na minha vida, 50% é influência deles, os outros 50% é direcionamento do Pai e da espiritualidade... ou seja, sou apenas um figurante nessa história, a culpa é deles! 🙂

Não poderia deixar de dedicar este livro aos meus seguidores, não apenas por serem "seguidores", mas por serem hoje um lindo canal através do qual sinto e escuto Deus e a espiritualidade em minha vida, permitindo Deus utilizar as contas deles para me enviar vários *directs*, inclusive, Ele me perturbou muito para escrever este livro...

"Feito, Pai, agora é com o Senhor... fazer aquela mágica arretada, entre o que eu falo e o que cada um enxerga. Vou até Te colocar de Coautor, porque pra essa magia, o céu não é o limite!"

Prefácio

"Escrito por um cara que enxergo ser meu mentor espiritual em minha passagem por aqui, de repente minha alma gêmea.

Ah! E por acaso é meu irmão."

O Patrick, ou Tick, como a família o chama, sempre teve uma veia artística. Seja nos desenhos, ou nas palhaçadas que sempre fez. Quando convidado a se vestir de super-herói japonês na época do parquinho que era propriedade da família, ele nunca titubeou. Era uma característica natural dele. Talvez ele já tenha nascido com algo programado neste sentido.

Anos se passaram e, durante um intercâmbio que fiz no ano 2000, fico sabendo que meu irmão havia saído do Espírito Santo, nosso estado natal, com destino ao Rio de Janeiro tentar a carreira de modelo/ator. Com sua dedicação e disciplinas naturais, estudou e fez por merecer. Entretanto, o papel que o tiraria do anonimato sempre ficou à espreita, nunca se concretizando.

Na vida sentimental, a felicidade de ter uma família também não se concretizou. E pior, o levou a um sofrimento que talvez estivesse presente em algum dos piores pesadelos que eu possa ter tido.

Após algum tempo, alguma força dentro dele auxiliou-o no processo de ressignificar aquele sofrimento. Ele transcendeu.

E o processo de isolamento dele foi imprescindível para o surgimento de um ser humano melhor. Mas não o isolamento dos religiosos que ficam reclusos num mundo à parte. Não. O Tick entendeu que poderia se isolar, se livrando das toxinas dos pensamentos comuns e limitantes que são compartilhados no mundo social sem, entretanto, abandonar o outro. E, assim, teve a resposta de todos os conselhos que a Vida havia sussurrado silenciosamente. No outro, carente e necessitado, ele encontrou Deus.

Que sorte a nossa, que somos beneficiários de suas reflexões!

Leonardo Dadalto

Sumário

Sabedoria é palhaçada!!! 13

Oportunidades imperdíveis 15

Soltando o casco 18

A primeira reflexão da minha vida...................................22

Desacelera 24

Sobre viver...25

Amor-próprio 26

Roteiro da vida 28

Rock in Rio X vida 30

Novo eu, um copinho de feijão..34

Religião, para mim, é palhaçada! 36

Viver a felicidade de hoje.. 38

O segredo da vida X brincadeira de criança................... 40

Medo de viver..42

O que falta às pessoas? 43

Oportunidade de ser feliz 46

Investimento.. 48

Alma X corpo 49

O segredo da felicidade 50

Querer ou não querer, eis a enrolação! 52

Eu e o mar 53

Comércio da solidariedade 58

A paz é a felicidade da alma 59

Se torne um milionário em um ano............................ 61

Amarrar com laço 64

Propósito.. 66

Perdendo o chão.. 69

Aprofunde seu olhar 72

Tudo tem o seu tempo ou os seus tóxicos.....................74

Perigo 75

Sou um merda 78

Presente de Natal 81

Amar é bom, mas... 84

Raiva da luz 86

Cabeça vazia 87

Dias nublados 90

O que é Deus?..92

Instinto animal 96

Ao nosso alcance 98

Filosofia da Mochila 99

Ambição, o céu é o limite 102

Viver teoria X prática 104

Chance de ser feliz 108

Sou um idiota..110

Deus por um dia 112

Pecinhas do quebra-cabeça 114

Sonhos 117

A sabedoria através do riso, de quem leva alegria onde há dor. Como um falador que escreve, não como um autor.

Sabedoria é palhaçada!!!

...vivências de um artista, que leva alegria a locais carentes pelo país há mais de 20 anos. Um ser humano que possui como principal ferramenta em seu processo evolutivo, a palhaçaria!!!

Se você está lendo este livro é porque percebi que o Pai e toda espiritualidade, neste momento, estão me conduzindo para passar tudo o que enxerguei em minha vivência solidária, levando alegria àqueles que, de repente, não teriam muitos motivos para sorrir.

Quis fazer um livro diferente, porque toda informação que recebi na vida, seja lendo, escutando, assistindo, só passava a se tornar parte de mim quando eu me enxergava nela. Sentia que após imaginar aquilo na minha vida, estava absorvendo com maior profundidade, logo, simplificando ou até mesmo resolvendo outras situações antes mesmo de acontecerem.

Então, acrescentei algumas páginas com linhas para você escrever: "Se o que você leu fosse um espelho o que ele refletiria?"

Experimente, faça parte desse livro e permita que ele faça parte de você, como um gatilho de luz que fará, mesmo durante a noite, amanhecer!

Aperte os cintos, esteja ciente que haverá muitos "acasos" no caminho, esteja preparado, de furos de pneus a atolamentos em penhascos madrugadas adentro, mas Quem guiará é de TOTAL confiança!

Ah... e pode ser que sua roupa encha de pelos, por causa da Babalu...

Ah! Quem é a Babalu? ...peraí, deixa eu começar do começo..."

Oportunidades imperdíveis

Vamos falar das oportunidades de receber os presentes do Pai e da espiritualidade. Na verdade, nós costumamos pedir, mas não temos sabedoria suficiente para perceber quando recebemos e preferimos fingir que não é com a gente.

Sabe quando você tem a oportunidade de fazer algo por alguém e faz de conta que não é com você? Quando você tem a oportunidade de fazer algo por um animal e finge que não vê?

Escrevi este livro para refletirmos o quanto ficamos olhando o nosso próprio umbigo e, muitas vezes, não enxergamos, à primeira vista, tudo o que recebemos e perdemos a oportunidade colocada, delicadamente, diante de nós para fazermos algo bom.

Essas oportunidades são únicas, é ali que enxergo a presença de Deus, não somente esperando que Ele faça por mim, por nós.

Por isso, procuro não perder as oportunidades em minha vida, na verdade vou atrás da oportunidade, por todo o país e, logo mais, pelo mundo.

Em uma oportunidade dessas, veio Babalu, minha companheira de viagens pelo país. Deus me presenteou com uma companhia, no meio do sertão alagoano, quando alguns acasos aconteceram e teria de ficar por um dia pela região, aguardando as apresentações do dia seguinte.

Olhei para uma ruazinha e no final dela havia uma capelinha, resolvi entrar, passei por ela e retornei por outra rua paralela. Comecei a escutar um miado, percebi que um filhote de gato me seguia, parei, olhei para ele e ele para mim, continuei, ele continuou me seguindo, por cerca de dois quilômetros, até eu parar o carro e abrir a porta – pronto, ele entrou, e invadiu minha vida e minha casa.

Hoje já tem 2 anos que eu não me movimento ao dormir, pois ela sempre dorme no meio das minhas pernas, independentemente do lado que estiver deitado.

Em outra oportunidade, chegou Cebola, em Brasília. Enquanto corria para finalizar as últimas apresentações da viagem (SP, SC, RS, MS,

GO, DF) avistei um "pedacinho de osso" se lo-comovendo e foi para dentro de uma *Kombi* abandonada, que estava no meio do lixo. Então, parei, me aproximei e avistei três "pedacinhos de ossos": um havia acabado de falecer e os ou-tros dois estavam cobertos por moscas, pulgas e carrapatos. Peguei os dois e os coloquei no carro, depois de 15 minutos um deles faleceu. Em seguida, saí com o outro e fui voando para o veterinário. Hoje, ele está aqui comigo, sentado no meu colo enquanto digito; até caiu um cisco no olho. Ah! E por que Cebola? Porque ao postar as imagens dele, todos choraram.

Sobre adoção, muitos alegam não ter tem-po para cuidar, dar atenção. "Sabem de nada, inocentes!", na verdade ainda não têm capaci-dade de enxergar que precisam tanto quanto o animal.

Vocês pensam que eu seria maluco de perder alguma oportunidade em minha vida?

É sobre aprender a enxergar, desembaçar o que nosso ego e o nosso orgulho nos impedem de ver.

Soltando o casco

Eu, criança quase adolescente, adorava pescar com meu pai, pescávamos sempre, havia um rio em que eu, frequentemente, pegava alguns caranguejos. Eu, metido a empreendedor desde cedo, "filho de peixe peixinho é", deixava alguns peixinhos e caranguejos na loja do meu tio pra ele vender como peixes de aquário.

Certo dia, ao chegar lá, meu tio me disse:

— Pô Tick, um dos caranguejos, que você trouxe, morreu!

Eu disse a ele:

— Estranho, pois eu vi o que eu deixei no aquário outro dia.

No mesmo momento, ele foi verificar no lixo e falou:

— Está aqui o "caranguejo morto".

Aí, então, eu fui entender, o caranguejo não tinha morrido, ele tinha meramente soltado o casco.

O que acontece com o caranguejo? Chega a época em que o casco vai ficando muito pequeno para ele, aquilo vai pressionando... pressionando, e ele não se sente mais confortável naquele lugar, então, ele sai.

Ele deixa o casco exatamente como era antes, sem quebrar, como se fosse outro. Nesse momento, ele procura uma proteção, ele vai para perto das pedras, se esconder entre elas, pois ele fica totalmente vulnerável, com medo, porém, ele consegue sair daquele casco antigo.

Tudo aquilo que o aprisionava, que o travava, que o deixava dentro da caixinha ele largou, por isso que ele se sente inseguro, porque agora o seu casco está mole, como se fosse uma pele.

Nós também passamos por isso. Que momento da sua vida você deixou seu casco e, de repente, tenha se transformado por aí? Ficou inseguro, mas deu a cara pra bater? Mas, não se preocupe não, você está em fase de crescimento. Agora, o casco está mole, desprotegido, todavia, ele está se moldando ao tamanho que você realmente merece ser, com conforto.

Qual o tamanho que você merece ser?

REFLETINDO SUA PRÓPRIA LUZ!
Se o que você leu fosse um espelho o que ele refletiria?

#REFLETEESSALUZ

A VIDA É IGUAL A MINHA CAMA, ELA SÓ VAI ESTAR ARRUMADA O DIA INTEIRO, SE EU NÃO USUFRUIR DELA. ENTÃO, SE SUA VIDA ESTIVER UM POUQUINHO DESORGANIZADA POR AÍ, RELAXA, É SINAL QUE VOCÊ ESTÁ VIVENDO. MAS CUIDADO, LEMBRE DE ARRUMAR SEMPRE QUE VOCÊ DESPERTAR!

Diçum taudypa trick

patrickdadalto

A primeira reflexão da minha vida

Fui um adolescente gordinho, por aí dá para imaginar tudo o que isso envolve, desde zoações dos amigos, dificuldades com brincadeiras e as primeiras paqueras, na verdade, dificuldade de existir as primeiras.

Aos poucos, esse período me fez buscar soluções, de alguma forma. Comecei a praticar exercícios, me alimentar melhor, eu mesmo fazendo minhas refeições desde meus onze ou doze anos. Houve um tempo para a virada da "chave" e o que chamo da primeira e mais preciosa reflexão da minha vida.

Estava em um aniversário de alguém da família, comi, normalmente, todas as porcarias que uma festa infantil possui, cheguei em casa e, como sempre acontecia, fui praticar exercícios para "tirar" aquilo do meu corpo. Lembro que furava o saco de lixo e vestia como camisa, embaixo de uma roupa quente para poder suar bastante, entendia que o aumento da quantidade de suor faria emagrecer mais. Nessa noite, após mais de uma hora de exercícios, encharcado de suor eu parei e, então, veio a tal reflexão:

"Será que vale a pena eu ter alguns segundos de prazer para depois ficar horas, ou até dias tentando me limpar daquilo, tirar aquilo do meu corpo?"

Hoje, com mais profundidade, enxergo que para tudo na vida posso utilizar esse pensamento, tudo o que alimentamos na alma, na mente, as "porcarias" requerem muito exercício depois para poder tirar, que podem ser dias, semanas, meses, anos etc.

O pior que, em vez de cansaço, vem a dor.

Em vez de suor, muitas vezes o líquido é outro, a dor pode fazer sangrar para tirar o que é ruim de dentro.

Desacelera

Ei, você! Desacelere! Desacelere até conseguir estacionar, aí sim! Desligue a chave, tire a chave da ignição, agora você está no agora.

Olhe, o agora é tão seguro que nem precisa de cinto de segurança. Viva o agora, o agora é o melhor caminho; o passado e o futuro são apenas uma referência pra gente, de repente, não sofrer os mesmos acidentes de sempre!

Sobre viver

Sobre VIVER até a matéria de português nos ensina no colégio.

Quando eu digo EU TEREI, EU FAREI, EU CONQUISTAREI, EU SEREI, EU COMPRAREI, eu não estou vivendo no presente, observando e sendo grato pelo que EU JÁ CONQUISTEI, pelo que EU SOU, pelo que EU TENHO.

Portanto, eu não dou muito valor a isso, o valor eu estou condicionando para o FUTURO. E quando eu condiciono assim o meu VIVER, SEMPRE SERÁ... VIVEREI!

...Aí você acorda e conjuga o verbo no arrependimento do passado, ...eu poderia ter VIVIDO!

Qual foi a sua nota na matéria VIDA? Fez a lição de casa? Vai repetir de ano?

Amor-próprio

O que você faria se quisesse conquistar o amor de alguém? Faça de conta que esse alguém, agora, é você!

SE PAQUERE, se arrume para você, se leve para o cinema, se convide para jantar, aprenda a fazer um jantar, ou uma sobremesa especial para oferecer a seu grande amor. Perfume-se com aquele cheiro que você sabe que vai trazer boas recordações, tome um banho especial.

"Alguém" pode ser meio difícil de ser conquistado de primeira – se esforce, de repente pode ser pelo histórico da relação de vocês, mas nada que uma boa dose de criatividade, disposição e amor não seja infalível para a conquista!

O resto, é entre vocês...

#REFLETEESSALUZ

AMAR ALGUÉM É MUITO BOM, MAS...

AMAR QUEM VOCÊ SE TORNOU DEPOIS DE TODAS AS DECEPÇÕES QUE JÁ TEVE NA VIDA, COM AMOR, NÃO TEM PREÇO!

Diçum taudypa trick

patrickdadalto

Roteiro da vida

Sabe aquele filme que você se senta para ver, dá o *play*, ainda se ajeitando no sofá ou na cama? Dando a última olhadinha no celular, e só consegue se concentrar no filme depois de uns 5 ou 10 minutos?

Todas as respostas do filme são passadas nos detalhes iniciais. Às vezes, tentamos descobrir algo ou esperamos que algo aconteça para entendermos, mas na verdade já passou e não estávamos prestando atenção. Desse modo, se quisermos buscar as respostas precisamos rever o início.

Sabe a vida?

Não iniciamos prestando atenção, mas a maioria das respostas encontramos no início do nosso roteiro, desde criança, o que passou em branco, sem que percebêssemos.

O porquê de sermos assim, o porquê de muitas escolhas erradas, dores, traumas que não entendemos, o porquê da dificuldade de algo que sabemos na teoria, mas na prática não conseguimos resolver.

No início, não estávamos prestando atenção, na verdade muitos chegam até o *the end* sem mesmo perceber.

Ah! E ainda sobre o seu filme: você é protagonista ou está somente de espectador?

Rock in Rio
X
vida

"Patrick, um vídeo seu me fez mudar de profissão, culpa sua!"

Uma seguidora me mandou esta mensagem, dizendo que um vídeo a tinha fortalecido quanto à opinião que ela já tinha sobre o que devia fazer em sua vida, que a faculdade em que estava se formando era somente para dar segurança financeira.

Logo me veio à cabeça uma reflexão que tive no *Rock in Rio*, há muitos anos, olha só, até no *Rock in Rio* eu tô refletindo!

Na minha vida, eu, naturalmente, sempre fui contrário a tudo e a todos, isso eu já aceitei para mim.

Aprendi isso quando eu estava procurando o local da banda que eu queria assistir, olhei no mapa do evento que indicava para a direita, então, fui seguindo nessa direção. Porém, ao começar a andar vi muitas pessoas, todas indo para o outro lado, o esquerdo, aí pensei: "Não, eu tô errado, o *show* é por ali!"

Mudei a direção e fui, fui, fui, andei bastante e quando eu cheguei lá havia um barulho legal. Na verdade, não era o *show* da banda que eu queria ouvir, mas era o *show* para o qual todo mundo estava indo, devia ser melhor, o pessoal estava curtindo, fiquei um tempinho.

Depois pensei: "Agora eu vou para o *show* que eu vim assistir", eu fui naquele dia pra isso, são muitos *shows*, quase 10 horas, vários palcos, mas era o que mais me encantava; segui então para o caminho "certo", contrário a todos, andei, andei, enfim cheguei lá, cheguei, mas já estava no final da última música.

A vida é isso...

Felicidade para mim passou a ser mais ou menos isso; comecei a perceber que tudo o que eu faço é tudo muito contra o fluxo, e que ali está a minha felicidade. Hoje, eu tenho até certo preconceito do fluxo.

"Fluxo é um caminho só para quem não tem direção."

REFLETINDO SUA PRÓPRIA LUZ!
Se o que você leu fosse um espelho o que ele refletiria?

#REFLETEESSALUZ

A VERDADEIRA LIBERDADE É A SIMPLES CONSCIÊNCIA DE TUDO O QUE A GENTE FAZ, OU MELHOR, CONSCIÊNCIA DA CONSEQUÊNCIA DE TUDO AQUILO QUE A GENTE FAZ. PORQUE SE NÃO TIVER CONSCIÊNCIA, AÍ É PRISÃO!

Diçum taudypa trick

 patrickdadalto

Novo eu, um copinho de feijão

Estamos em constante transformação, desapegando um EU antigo para a chegada, ou melhor, construção de um novo, isso para qualquer área da nova vida, um EU mais empreendedor, um EU mais *fitness*, um EU mais alegre, mais evoluído etc.

Imagina dois copinhos à sua frente, um cheio de caroços de feijão e outro vazio. Imagina agora esse vazio sendo nosso novo EU. Cada atitude desse nosso novo EU, nós vamos passando um caroço de feijão para o copo vazio.

Se há seis atitudes desse EU que estamos construindo, então, olha só, seis feijões em nosso copo. Isso significa que o nosso novo EU está começando a ser preenchido, nós construímos com atitudes diferentes, só de teoria nosso copinho vai continuar vazio.

Chega o momento, que nós começamos a ter algumas recaídas; as tentações para retornar ao nosso EU antigo são muitas, mas tranquilo, é uma decisão nossa, porém, perceba que a cada atitude de nosso EU antigo voltamos três carocinhos de feijão.

Afinal, estaremos regredindo e precisamos reparar que isso é um grande atraso no nosso processo de modificação do nosso EU.

Se conseguirmos encher nosso copinho, aí é o instante de plantar as sementes, sementes desse novo EU, para podermos, futuramente, colher os frutos desse novo EU, dessa nova forma de viver, e de lidar.

Parece simples, mas não é simples não, porque, às vezes, dói tirar do copo antigo e passar para o novo; outras vezes, pode parecer muito gostoso tirar do novo e voltar para o antigo, mas é justamente quando se volta que fere, quando a gente regressa.

Cuide muito bem de seu copinho de feijão!

Religião, para mim, é palhaçada!

Vá com calma, na interpretação. Respire.

Lembre que se trata de um palhaço falando; lembre também que é um palhaço que leva alegria a locais carentes; lembre que o sorriso é a forma mais pura de se trocar amor e carinho; lembre também que a palhaçaria é minha principal ferramenta em meu processo evolutivo por aqui.

Logo, a palhaçaria é que me possibilita ter um contato mais direto com Deus. Bem, acho que já deu para lembrar que religião é mais ou menos isso, lembrou?

Acredito que posso ainda chamar minha religião de propósito! Propósito, para mim também é palhaçada!

Outra palhaçada, é essa coisa de evolução, afinal evoluir é permitir nos fazerem de palhaço, mas com total consciência, sem precisar revidar. Afinal, não podemos permitir perder nosso sorriso por qualquer maldade que tentarem nos lançar, pois cada um oferece o que há dentro de si.

Ofereça então um sorriso verdadeiro, como resposta, será até "maldade" com a maldade que tentarem te lançar.

Viver a felicidade de hoje

Não, amanhã, não!
Amanhã já é tarde demais!
O que você tem vontade de fazer hoje, que te faça feliz? Que te faça realmente feliz?
E falta o quê?
META A CARA!
Se for algo de bom coração, vá, faça!
Arrisque, arrisque ser feliz hoje.
O amanhã é tarde demais para vivermos a felicidade do hoje, e a felicidade do amanhã, a gente só vai conseguir viver amanhã.
A felicidade pode ser um café com um amigo ou um perdão. Aquilo que vai te deixar leve, e aquecer o coração.
Pode ser até um "Eu te amo", ou alguém simplesmente segurando a sua mão.
Ah! E muito importante, chega de inventar desculpas. Chega de enrolação!

#REFLETEESSALUZ

A MELHOR RELIGIÃO QUE EXISTE É AQUELA QUE TE MOTIVA A SAIR DA TEORIA E PRATICAR, FALAR SOBRE DEUS E ESPIRITUALIDADE, SEM PRECISAR ABRIR A BOCA, APENAS COM AÇÕES.

Diçum taudypa trick

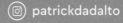 patrickdadalto

O segredo da vida
X
brincadeira de criança

O segredo da vida eu não sei dizer, mas sabe brincadeira de criança? Aqui está quente, aqui está frio, tá esquentando... tá esfriando, eu não sei dizer, mas sei posicionar.

Tudo que é relacionado ao corpo, à matéria, ao material; a nossa busca ao que está do lado de fora, que deixa vazio por dentro... gente vai esfriando, tá frio!

Às vezes, a gente não precisa saber exatamente o segredo da vida; a gente só tem de estar perto, a gente vai para o lado que está quente. Tudo que está mais para o lado da alma está quente, esquentando. E a simplicidade para mim é uma conexão da alma.

Assim, quanto mais simples a gente buscar ser, a nossa forma de viver, forma de pensar, forma de agir, mais a gente estará perto do segredo da vida.

Afinal, de repente a pessoa mais simples que já existiu foi Jesus Cristo. Ah! Sim, também Francisco de Assis, e, você acredita que eles estavam errados em suas maneiras de viver?

Acha que nós estamos mais certos do que eles?

Medo de viver

Não tenha medo da vida, não! A vida se dá em dois momentos: momentos de dor, de tristeza, que geralmente levam à reflexão, e momentos de felicidade, que para mim são momentos de paz.

Então, enxergo como se fosse uma escada, que passamos a subir no instante que estamos com dor e refletindo; depois a paz é aquele nivelamento, o equilíbrio, é quando nós nos acostumamos a pisar com os dois pés no degrau.

Basta aprender a refletir e a pensar enquanto estivermos felizes, em paz com os dois pés em cima do degrau, que nos preparamos para não permitir a chegada da dor e da dificuldade depois! A preparação nada mais é que a busca de crescer antes da dor aparecer.

Se for para ter medo de algo, eu teria de passar minha vida sem buscar evoluir. Deus me livre!

O que falta às pessoas?

De repente, responderia automaticamente "AMOR", mas parei, repensei, NÃO É AMOR! O que mais falta mesmo é GRATIDÃO!

...o amor é um sentimento que você pode ter somente a você mesmo "EU ME AMO", e esse é um grande mal da sociedade: O EGO, EU ME AMO, EU ME IDOLATRO, EU SOU MAIS FODA QUE FULANO!

Agora, a gratidão é uma mistura de respeito e amor que você não pode ter a você, mas sim a alguém por ter feito algo por você.

Se for, realmente, grato e conseguir ler ou ouvir isso, entender, estar respirando será motivo para ser grato, grato a Deus, só isso já basta para se sentir um filho privilegiado e começar a pensar no próximo.

ISSO, SE FOR REALMENTE GRATO! GRATIDÃO não é palavra, palavra é desculpa... enganação... GRATIDÃO É ATITUDE, É AÇÃO!

REFLETINDO SUA PRÓPRIA LUZ!
Se o que você leu fosse um espelho o que ele refletiria?

REFLETEESSALUZ

NÃO CONSEGUE ENXERGAR FELICIDADE EM SUA VIDA? VOU TE AJUDAR A COMEÇAR A VER. PENSE EM ALGUÉM OU EM ALGO, QUE SE VOCÊ PERDER VAI TE DAR MUITA DOR. ALI ESTÁ A FELICIDADE!

Diçum taudypa trick

patrickdadalto

Oportunidade de ser feliz

Acredito que quando a gente pede: "O Pai, eu gostaria muito de ser feliz, Me traga Felicidade!", eu acredito, que pela sabedoria, pela inteligência suprema do Pai, Ele não entrega a felicidade para nós, Ele nos entrega a oportunidade de ser feliz.

O que é a possibilidade de ser feliz? Quando chega tudo de maravilhoso em nossa vida? NÃO.

Oportunidade de ser feliz é quando NADA dá certo em nossa vida, NADA. E não tem como a gente continuar fazendo as mesmas coisas. Então, o que acontece? Nós somos obrigados pelo Pai e pela espiritualidade a fazer diferente, somos obrigados a desapegar do nosso "eu" antigo.

Nesse momento, a única oportunidade que temos é de fazer diferente; a única forma das coisas acontecerem diferentes em nossa vida é fazer diferente, porque se não fosse essa oportunidade iríamos continuar a fazer as mesmas coisas, como sempre. Olhe só, desse modo, Ele nos dá uma lição de desapego, o que nos traz felicidade e sabedoria!!!

Investimento

Se humildade, caráter, simplicidade fossem riquezas, ao lado de quem você investiria o seu tempo?

Então, invista, por trás desses elementos encontramos a sabedoria, e a sabedoria nos dá a oportunidade de conquistar o que quisermos na vida, porque a sabedoria nos dá a possibilidade de conquistar o domínio de nós mesmos.

Alma X corpo

Eu enxergo o Patrick corpo e o Patrick alma. Por essa razão, a maioria das coisas que faço na minha vida, 90%, de repente, são em busca do crescimento de minha alma.

Quanto mais eu elevo a minha alma menos problemas eu tenho. Assim, os meus problemas passam a não existir a partir do momento, que a minha alma começa a engrandecer. Problema vem do corpo, o problema vem da matéria, o problema vem do nosso ego e apego a tudo que precisamos desapegar.

O segredo da felicidade

O segredo da felicidade é...

...é que a felicidade não tem segredo. A felicidade não é algo da gente alcançar, almejar e ir buscar, a felicidade é algo da gente enxergar...

...a gente conseguir olhar para o lado e falar:

– Cara olha só, eu consigo ver, andar, me alimentar, dormir e acordar, pensar, e ainda por cima respirar sem ajuda de aparelhos... CARA, EU SOU FELIZ!

Mas, pra isso é preciso ter muita maturidade. A felicidade é proporcional à nossa maturidade e espiritualidade, à nossa simplicidade...

Felicidade é gratidão, é ter Deus muito mais do que nas palavras e nas postagens, é ter Deus na alma e no coração, é ter Deus na AÇÃO!

Se há alguma coisa para conquistarmos, a fim de sermos felizes, essa coisa está dentro de nós.

#REFLETEESSALUZ

VOCÊS VÃO PASSAR POR MUITAS COISAS QUE NÃO MERECEM. É QUE A QUESTÃO NÃO É VOCÊS MERECEREM PASSAR POR ISSO, É VOCÊS MERECEREM SE TORNAR A PESSOA QUE IRÃO SE TRANSFORMAR, APÓS PASSAREM POR ISSO!

Diçum taudypa trick

patrickdadalto

Querer ou não querer, eis a enrolação!

Não queira aquilo que você não quer!!

Isso vai fazer você se frustrar por nada dar certo em sua vida, por simplesmente o seu "querer" não ser capaz de te motivar a FAZER.

Você vai colecionar "quereres sem resolveres".

Se o que você quer não te motiva a fazer algo TODOS OS DIAS em prol disso, é porque você NÃO QUER!

Quem quer, DÁ UM JEITO, quem não quer, DÁ DESCULPAS...

...e quem é bom em desculpas não é bom em mais NADA na vida!

Eu e o mar

    Essa é a história de um personagem que se chama, EU, que precisava fazer uma viagem longa pelo mar. Assim, ele precisava definir algumas coisas antes de viajar.

    Tinha a honra de poder escolher como estaria o mar – muito fundo ou raso, com muitas ondas ou sem ondas, com ventos ou sem ventos, com chuva ou sem chuva, com trovões ou sem trovões.

    Também tinha o privilégio de escolher qual seria a sua embarcação – dentro de um saveiro, de um barco imenso, dentro de um barquinho à vela, de um caiaque, ou nadando.

    Mas, EU tinha total consciência, antes de escolher, proporcional à dificuldade que passaria, mas aprenderia muito sobre o mar.

    Todo mundo tem que aprender muito sobre o mar, antes de entrar na água. Antes de colocar sua embarcação para navegar, EU precisaria definir isso tudo. E um detalhe muito importante:

ao entrar na água, EU não teria mais a capacidade de lembrar que havia escolhido como estaria o mar e a embarcação a ser utilizada.

Porém, EU era muito ousado, e pensou: "Nossa eu quero aprender muito, eu quero passar dificuldade para ter um aprendizado muito grande sobre o mar e sair muito sábio dessa viagem."

Enxergo o mar muito como a vida, é um ponto de vista que eu prefiro levar para mim, que me ajuda a levantar de cada caixote que a vida me dá, como se eu tivesse escolhido passar por tudo o que eu passei e por tudo o mais, que eu ainda vou passar para poder crescer.

O mar a gente pode chamar de vida, e o marinheiro que nos direcionou, que nos deu a possibilidade de todas essas escolhas lá atrás, nós podemos chamar de Deus.

O marinheiro (Deus), antes de EU entrar no mar, deixou bem claro: "sua escolha foi muito boa, mas são escolhas muitos difíceis. Independentemente da situação, não abandone o barco, antes se lembre de Mim, eu sempre estarei lá olhando por você, pronto para te estender a mão." Olhe só, a mão não é para remar em seu lugar, não, nem para te dar força; a mão é simplesmente para te dar uma direção. E se você conseguir avistar a minha direção, é só apontar o barco que a onda te leva.

Ah! E a Babalu foi um peixe que entrou em meu barquinho, enquanto eu estava em cima da onda.

REFLETINDO SUA PRÓPRIA LUZ!
Se o que você leu fosse um espelho o que ele refletiria?

#REFLETEESSALUZ

DESAPEGO NÃO É A GENTE NÃO SENTIR FALTA DAS COISAS E PESSOAS, É A GENTE ENTENDER QUE A GENTE PODE VIVER SEM ELAS, E TUDO BEM!

DESAPEGO NÃO É A GENTE DEIXAR DE TER AS COISAS, É NÃO DEIXAR AS COISAS TEREM A NÓS!

Diçum taudypa trick

patrickdadalto

Comércio da solidariedade

Ah! Deus vai me dar em dobro, vou fazer, pois vou receber em dobro. Se você já tem a possibilidade de oferecer é porque já recebeu NO MÍNIMO o dobro! É sobre enxergar!

Pare, também, de enxergar amor como comércio; Deus não tem que dar em dobro, não só Deus, mas qualquer outra relação em nossa vida. A gente não deve pensar em fazer para receber em dobro, isso é comércio, isso não é sentimento, não é amor!

A paz é a felicidade da alma

Assim como eu falo de Deus de uma forma diferente, enxergo Deus de uma forma diferente, assim é a felicidade. Mude um pouquinho a sua relação com a felicidade, pelo menos por um dia. Tente enxergar na sua vida, ou buscá-la, pelo menos hoje. Enxergue a felicidade como paz.

Nós poluímos muito a palavra Deus e a palavra felicidade; transformamos em comércio também, compra-se até em promoção.

Então, enxergue a felicidade como paz.

Pense: "O que eu vou fazer hoje para me trazer paz?"

De repente, os melhores caminhos para encontrarmos nossa paz e nossa felicidade não é nem a gente ir atrás de algo, é saber dizer não. São as renúncias, renúncias de tudo o que de repente seja muito tentador, momentaneamente. Muitas vezes, você não sabe o que vai fazer para ser feliz e conquistar a paz, mas sabe o que não vai fazer. Outras vezes, não sabemos qual é o caminho, contudo, sabemos quais os caminhos incertos, aqueles que não devemos seguir.

Ainda sobre paz, permita ao seu "eu" criança e seu "eu" adolescente te lembrarem de tantas coisas muito ricas, que você vivia e acreditava, mas que com o passar do tempo você não deu mais valor...

...elas TÊM VALOR!

A Paz é a felicidade da alma, essa a gente não consegue enganar tentando comprar mais.

Se torne um milionário em um ano

Preste atenção às dicas: tente viver com o básico, tente viver com algo muito simples, tente viver com o essencial. Conseguiu viver com o essencial, mas sem sacrifício? Tente ser feliz vivendo com o essencial!

Segundo passo: tente viver com menos um pouco, e tente ser feliz com isso, conseguiu? Você já vai estar rico!

Mais um passo: tente viver com menos ainda; não importa quanto você ganha por mês, quanto tem na conta bancária, ou quanto você já acumulou até hoje. Conseguiu viver com menos ainda?

Ok, eis o passo para se tornar milionário: você vai deixar de buscar a felicidade em coisas que precisa adquirir e vai passar a valorizar as coisas que você já tem.

Vai passar a dar mais valor à sua família, ao seu pai, à sua mãe, ao seu filho, ao seu marido, à sua esposa, à sua plantinha dentro de casa, ao seu cachorro, que está lá no canto balançando o rabinho há muito tempo, e você não o enxerga.

#REFLETEESSALUZ

NÃO IMPORTA QUANTO VOCÊ TEM NO BANCO, QUANTO MENOS A GENTE PRECISAR, MAIS RICO A GENTE SERÁ!

ALGUMAS COISAS A GENTE CONSEGUE COMPRAR, OUTRAS, O DINHEIRO NÃO COMPRA, SÓ PRECISAMOS ENXERGAR!

Diçum taudypa trick

 patrickdadalto

Amarrar com laço

Estava precisando amarrar uma corda em casa e fiquei em dúvida entre dar um nó ou dar um laço: aí me deu um nó na cabeça.

A vida é para ser amarrada com laço. Na verdade, tudo na vida a gente deve aprender a amarrar com laço, nada com o nó, porque o nó aprisiona, o nó prende, o nó sufoca. Além do que, tudo na vida é passageiro. A gente passa por aqui tendo de desapegar de tudo o que chega, de tudo que a gente aprende a se apegar. Assim, a melhor forma de lidar com tudo na vida, seja no campo pessoal, profissional, familiar, dos relacionamentos é aprender a amarrar com laço.

Porque se está aprisionando, se está sufocando, é só pegar aquela pontinha e soltar.

Nosso processo evolutivo é individual, não tem como levar ninguém com a gente nem tão pouco ser levado. No entanto, há sempre alguém ao nosso lado, segurando a nossa mão, é o Pai!

Portanto, se deixou de ser laço, tem dor chegando no pedaço.

É o caso de muitos ciclos que a gente não consegue finalizar, porque está amarrado com nó, o que torna muito mais difícil desatar. Se fosse um laço, bastaria puxar!

Propósito

CUIDADO, muitas vezes nossa busca pelo tal do "propósito" é somente uma desculpa para fazermos nada no agora, e, começar a fazer alguma coisa só depois que a gente descobrir.

Eu vejo a vida dividida em quatro momentos. Há um primeiro momento, que a gente só se preocupa com a própria vida, o que vai ser quando crescer, o que vai ter e quem a gente vai ter por perto, como vai ser a nossa família, aonde vamos viajar, tudo o que vamos comprar etc.

No segundo momento, a gente começa a se sentir incomodado por tudo o que acontece ao nosso redor; é quando passa a doer um pouquinho na gente:

...cara, olha o que está acontecendo...

...nossa, coitada, olha o que fizeram com ela...

Nosso ego grita, se sentindo superior por nos sentirmos bons ao pensarmos assim. Nessa hora, apontamos o dedo:

...nossa, ninguém vai fazer nada?

...vocês não vão fazer nada?

...nossa que falta de...

...nossa, mas ninguém tem amor no coração?

...ninguém ajuda?

Já no terceiro momento, a gente não reclama de ninguém. Enxergamos que aquilo é nosso ego, que não temos capacidade de fazer, logo, apontamos o dedo para todo mundo, a fim de que seja feito aquilo que não conseguimos, por falta de capacidade. Desse modo, continuamos em nossa zona de conforto.

O quarto momento é quando eu nem me permito doer, eu já entendi que não preciso apontar o dedo nem reclamar que ninguém faz nada, entendi que eu mesmo não estava fazendo, então é o momento que eu só vou lá e faço a minha parte.

Propósito é isso, é simplesmente fazer a minha parte, da forma que eu achar melhor, da forma que eu sentir que me dá mais prazer e, que possa ser mais útil, dentro do que eu tenho capacidade de enxergar.

Não adianta eu tentar, lá atrás, enquanto o meu ego e meu orgulho ainda tomam conta de mim, me fazendo pensar: "Ah! Eu preciso saber qual o meu propósito. Ah! Eu tenho que descobrir para eu começar a fazer algo."

O propósito a gente não encontra, o propósito aparece de acordo com a nossa entrega no que fazemos e com a busca pessoal e espiritual. Propósito é cada um fazer a sua parte; o propósito é crescer e evoluir sem ter em conta as circunstâncias. Hoje, eu levo alegria, amanhã eu não sei, todavia, o meu propósito é servir.

PROPÓSITO não tem muito a ver com profissão, é muito mais sobre DISPOSIÇÃO!

Perdendo o chão

Muitas vezes, a gente sente que perdeu o chão, mas na verdade, no fundo no fundo, o que acontece é que a gente acaba se distanciando muito das nossas raízes. Então, faça uma poda em você, fortaleça esse tronco, e depois continue a crescer. Lembre-se, se a raiz está fraca os frutos não serão saudáveis.

Além do mais, os frutos só surgirão quando os galhos tiverem capacidade para suportar!

ADUBE-SE de LUZ!

REFLETINDO SUA PRÓPRIA LUZ!
Se o que você leu fosse um espelho o que ele refletiria?

#REFLETEESSALUZ

SE EU TE DESEJAR TUDO EM DOBRO DE TUDO QUE VOCÊ MANDA PARA O UNIVERSO, ESTOU SENDO MUITO SACANA COM VOCÊ?

Diçum taudypa trick

patrickdadalto

Aprofunde seu olhar

...quando puder, dê uma parada no "tempo", aprofunde um pouquinho mais seu olhar em tudo o que enxerga no seu dia, o que você faz, o que você tem, o que você sente...

...agora tenha consciência de que você só enxerga 20%, 30% de tudo. Pare e tente focar mais seu olhar, aprofundar mais, enxergando os motivos que levaram Deus e toda espiritualidade a posicionar você DELICADAMENTE a essa vida, nesse exato momento físico e espiritual, na cidade, no lar em que vive, no emprego, na profissão, nas pessoas que apenas passam por você, até mesmo se dando a oportunidade de parar para refletir sobre esse texto...

...passe a viver seu dia ACREDITANDO MESMO que há uma força MAIOR a TODO MOMENTO ao seu lado, em você... moldando tudo o que acontece por aí... oferecendo a todo instante oportunidades de evoluir.

...se você é impaciente, haverá situações que te tiram a paciência para você SE MELHORAR; do mesmo modo se é ingrato etc. Somos alunos, desse Mestre, não temos de nos estressar somente porque não conseguimos resolver o exercício proposto.

...aprofunde seu olhar pelo menos UM MINUTO no dia, depois, DEZ. Até viver nesta vibração, vibração de alma, divisando como espírito aprendiz.

Tudo o que precisamos JÁ TEMOS, JÁ ESTÁ AO NOSSO REDOR, só não temos espiritualidade suficiente para ENXERGAR! APROFUNDE SEU OLHAR!

Tudo tem o seu tempo ou os seus tóxicos

A natureza, por exemplo, a cada "bobeirinha" que eu chego para plantar aqui em casa, ela me ensina muito a paciência, porque não tem o que fazer para apressar, eu tenho de respeitar. Eu planto uma sementinha, uma muda e fico aguardando, atenciosamente, o momento dela. O processo é lento.

Acompanhar todo esse processo é que me faz entender, que a minha vida também depende de um processo natural. E se eu forçar, estarei interferindo, como se estivesse jogando agrotóxicos, tóxicos na minha vida, para ela adiantar antes do período natural. Até mesmo se crescermos sem estrutura, precisaremos nos podar para fortalecer o tradicional, "voltar um passo".

Perigo

Coloquei o endereço no aplicativo, a fim de chegar na festinha do dia, no meu trabalho voluntário, e recebi alerta de perigo, perguntando se iria mesmo assim, o que acontece em 80% dos endereços que vou!

Você acredita em lei de causa e efeito? Você acredita em lei do retorno? Você acredita que o que você faz você recebe em dobro? Então, vou falar como eu defino PERIGO!

Perigo é eu passar essa vida sem me preocupar com os riscos de não crescer, de não evoluir. Vamos falar de proteção?

Proteção é eu fazer alguma coisa pelo próximo! Proteção é eu até correr riscos para levar um pouquinho de alegria ao próximo, que mora no "risco" – isso é proteção.

É uma proteção que eu não consigo notar. Eu só percebo quando nada acontece comigo, quando eu rodo quase todo o Brasil e me sinto totalmente protegido, por nada acontecer, que não seja de maravilhoso.

Nesse dia mesmo, houve um tiroteio no local, e as crianças tiveram de sair de lá, para se acolher em um cantinho e, ao acabar os tiros, voltarem para iniciar a festinha.

A proteção eu entendo que vem de um outro plano, e o que tiver de acontecer é porque realmente eu precisava passar, isso, independentemente de onde estivesse, ou o que estivesse fazendo.

Perigo é você ter saúde e possibilidade de fazer algo por alguém e nada realizar; eu que não sou maluco de fazer isso. Ficar em casa pensando no meu próprio umbigo, enquanto poderia estar fazendo muito pelo próximo? Para mim, essa atitude seria quase um suicídio. Por fim, agir assim seria fazer nada para me proteger!

O que tiver de acontecer vai acontecer, e eu vou aceitar feliz, entendendo que foi o melhor que o Pai e a espiritualidade destinaram para mim, ou melhor, para minha utilidade por aqui. Se for para "partir", entendo que serei mais útil com o que posso fazer em outro plano espiritual!

E aí, vai se proteger?

#REFLETEESSALUZ

"TODA VEZ QUE A JUSTIÇA NOS PROCURE PARA ACERTO DE CONTAS, SE NOS ENCONTRA TRABALHANDO EM BENEFÍCIO DO PRÓXIMO, MANDA A MISERICÓRDIA DIVINA QUE ELA RETORNE SOBRE SEUS PASSOS SEM DATA PREVISTA DE RETORNO." (CHICO XAVIER)

Diçum taudypa trick

patrickdadalto

Sou um merda

Eu me sinto muito um "merda", por tudo o que eu penso e tudo o que eu falo para 90% das pessoas.

Sobre minhas riquezas, meus milhões, eu lembro até de um conto infantil: A Roupa Nova do Rei, que passa a mensagem de que somente os inteligentes conseguem ver. Assim são minha riqueza e meus milhões, somente quem tem Deus no coração e na alma consegue enxergar.

Tenho certeza que é possível mudar o mundo através de nossos atos, só precisamos valorizar cada microação, cada microato nosso.

Há um vídeo que viralizou certa vez – em um pratinho com água adicionava-se orégano e depois uma gota de detergente no dedo, ao colocar o dedo no prato o orégano, feito mágica, se afastava para as laterais.

Tudo o que eu sinto ao meu redor é paz, é espiritualidade, é o Universo conspirando e eu enxergando aqueles oréganos se afastando, como se fossem energias negativas, situações negativas dentro e fora de mim.

Com isso, eu tenho o lado bom de cada um, não que eu busco, mas é o que me chega, eu tenho o lado espiritualizado de cada pessoa. Da maioria das pessoas que estejam ao meu redor, só me chega o lado humano. É que, geralmente, a gente não tem onde soltar esse lado bom nosso sem se sentir inferior, um bobo, alguém menos inteligente, um idiota, sem se sentir um merda.

Então, quando encontramos oportunidade, quando enxergamos alguém que valoriza isso, que enxerga ser realmente grandiosidade, é como se fosse um desabafo, um desabafo do Deus interno de cada um encontrando espaço para sair, em alguns momentos chega a sair até pelos olhos, em forma de lágrimas.

A gente recebe o que emana, às vezes, eu nem penso em emanar. A minha vida é viver assim, é emanar coisas boas, é emanar o que eu quero de retorno do Universo, o que eu quero ao meu redor.

Procure ter na vida pessoas ao seu redor, com quem você possa falar de uma ideia espiritualizada, solidária e que você se sinta bem, sem se sentir menos inteligente, sem se sentir um mer-da por ter dito ou por pensar assim.

Eu me sinto muito um merda, por tudo o que eu penso, por tudo o que eu falo para 99% das pessoas, simplesmente, "normais"; eu me sinto muito um merda a minha vida inteira, mas eu passei a enxergar por um outro lado...

...eu me sinto um merda, perante aqueles que se acham Deus, mas se eu olhar para o mar da espiritualidade, eu, como um merda, estou flu-tuando, estou boiando, estou em paz, me dei-xando levar pelo mar, pelas ondas da espiritua-lidade, pelo mar da evolução, pelo mar do Pai e da gratidão.

Presente de Natal

Quando a gente cresce, percebe que alguns presentes a gente gostaria de pedir para o Papai Noel, mas dinheiro nenhum consegue comprar.

E estou aqui para ajudar a lembrar de alguns presentes.

Você pode até ter saudade, mas a saudade é o azar de quem já teve muita sorte. Então, antes de sofrer por sentir saudade, enxergue logo esse presente de ter tido essa pessoa em sua vida e veja o quanto você teve sorte.

Aproveite e envie esse texto para aqueles que você considera ser um presente em sua vida!

Quais os presentes que você tem na vida, que dinheiro algum consegue comprar?

REFLETINDO SUA PRÓPRIA LUZ!
Se o que você leu fosse um espelho o que ele refletiria?

#REFLETEESSALUZ

CICLOS SÃO COMO DEGRAUS, NÃO TEM COMO INICIAR UM NOVO, MAIS AVANÇADO, COM O PEZINHO NO DEGRAU ANTERIOR!

OBS: ESSA REFLEXÃO NÃO VALE SE VOCÊ FOR UMA CENTOPEIA!

Diçum taudypa trick

 patrickdadalto

Amar é bom, mas...

Amar é bom, mas amar quem você se tornou após tudo o que você já passou por amor, não tem preço, tem valor.

O valor da paz que conquistou, o preenchimento daqueles vazios que tantos buracos na alma já lhe deu, e agora o amor-próprio preencheu.

O mal, muitas vezes é confundir o sentimento, achando ser amor, um trauma, um medo, um apego ou uma carência, sem conhecimento.

Tem quem deseja muito namorar sem saber a quem.

Outros querem logo casar, com medo de envelhecer sem ninguém.

É como esperar ansiosamente sofrer, porque a carência nos cega e a vítima será exatamente aquilo que você necessita ter, para seu vazio preencher.

Você criará aquela personalidade, que só vai existir na sua cabeça, completamente diferente da realidade.

O tempo não é nosso, pra isso tem Deus e a espiritualidade...

Porém, há também o livre-arbítrio nos deixando totalmente à vontade.

Raiva da luz

Aqui no quintal, há umas plantas que não podem ficar sempre em um lugar só, de vez em quando preciso mudar de um lugar para outro, porque assim elas se fortalecem em outro local.

Há momentos que não temos muito o que fazer, só precisamos mudar um pouco o nosso ambiente, um local onde tenha luz, aonde chegue luz até nós. Outro detalhe, também não adianta receber muita luz, o dia inteiro, se não estamos preparados para essa luz.

Algumas pessoas acabam tendo "implicância" com a luz, e acabam se desnutrindo, tendo raiva da luz.

Fica a dica: ao oferecer sua luz a pessoas que ainda não estão preparadas para receber, não insista. Deixe as pessoas, por vontade própria, irem atrás da luz. Por mais que ela contenha nutrientes, adubo, água, que contenha tudo, a pessoa não consegue absorver – é o tempo de cada um.

Cabeça vazia

Se a cabeça está vazia, abrace uma causa, procure na *internet*, ajude alguém, comece a abraçar e a divulgar essa causa por aí, para quem pode ajudar de outras formas também.

A cabeça está vazia, adote um cãozinho, adote um gato. A cabeça está vazia, plante uma árvore.

A cabeça está vazia, faça uma receita, invente. Se você não é de cozinhar faça mesmo assim, pensando que isso vai te trazer uma sensação boa. É muito diferente eu ir lá e comprar um pão e comer, e eu ficar minutos ou horas ali, preso em casa, para fazer aquele pão, observar o seu crescimento, o sabor. Por mais que não saia bom, é um sabor de felicidade, é uma sensação boa para minha alma.

Cuidado com o nada, cuidado com a cabeça vazia, pois a cabeça vazia nunca está vazia. Vazio é o que a gente acredita, contudo, esse vazio é preenchido por emoções, sensações, pensamentos e sentimentos negativos sem a gente perceber, nem muito menos permitir entrar. Preencha escolhendo o que colocar; não, esteja totalmente vulnerável às negatividades. Então, se a gente não enche a cabeça de coisas, até para se resolver mesmo, vida é isso.

Vida é ter problemas, situações, coisas acontecendo, e a gente ter habilidade para resolver, até conseguir surfar na onda disso tudo, o que acontece dentro de nós. Cuidado com o que você preenche sua mente.

#REFLETEESSALUZ

O RUIM NÃO É O COMPRAR, MAS O QUANTO VOCÊ SE ESCRAVIZA EM SUA NECESSIDADE DE TER!

FELICIDADE QUE NÃO SE COMPRA, NÃO TEM PREÇO!

Diçum taudypa trick

 patrickdadalto

Dias nublados

Sempre achei um charme dias nublados, às vezes, eu paro para observar, vejo como mudam as cores, muda o clima e nos estimula a estar em paz. Olha a natureza nos influenciando a parar um pouco para pensar, refletir. Afinal, é difícil fugir de nós mesmos nos dias nublados, tudo nos leva a olhar para dentro, seja lá o que for que estivermos observando com os olhos de fora, é a natureza falando: "Oh! Agora é o momento de uma pausa aí."

Justamente por isso, muita gente tenta fugir desses dias, fugir de si mesmo.

Aproveite esses estímulos para aquela maravilhosa faxina interna, identifique o que seu corpo e o ambiente estão te pedindo, por mais que dê vontade de fugir.

Dia nublado é aquele que não tem muita luz nem muita escuridão, é apenas nublado, um meio-termo necessário, um auxiliar no nosso próprio "meio-termo" – o equilíbrio.

É como se estivéssemos em cima do muro nos auxiliando a ver claramente os dois ambientes dentro de nós mesmos – o da evolução e o da tentação. Se não paramos para olhar, delicadamente, não escolhemos, meramente caímos, e caímos no lado mais óbvio, onde todo mundo cai. Afinal de contas, estaremos no vácuo do fluxo!

O que é Deus?

Uma pergunta, há algum tempo em uma caixinha de perguntas, que me fez reproduzir em palavras o que meus olhos da alma enxergam.

É mais fácil eu responder:

"O QUE NÃO É DEUS PARA MIM!"

Deus para mim não é esse ser inalcançável que todo mundo distancia e passa a ter uma relação teórica com Ele: "Ah! Eu amo Deus, eu amo demais, Deus!" Ama como, na teoria?

Eu amo Deus, pô! Não faço nada do que Ele pede, mas eu amo Deus, vou lá e pago o meu dízimo.

Eu amo Deus, pô! Não faço nada do que Ele pede, mas chego em casa e faço a minha oração.

Eu amo Deus, pô! Mas, eu trato mal minha esposa, meu marido, meus filhos, trato mal o pessoal do meu trabalho, sou estressado com todo mundo, reclamo de tudo, não sou grato por nada. Mas, eu amo Deus!

Se você acreditar que Deus é um coqueiro e acreditar nisso te faz buscar ser alguém melhor, amar ao próximo, perdoar... você pode ter certeza que Deus está ali, Ele é aquele coqueiro!

REFLETINDO SUA PRÓPRIA LUZ!
Se o que você leu fosse um espelho o que ele refletiria?

#REFLETEESSALUZ

NÃO TENHA PREGUIÇA DE SER FELIZ. MUITOS PASSAM A VIDA SEM CONHECER A FELICIDADE, POIS NÃO TÊM DISPOSIÇÃO PARA ENCONTRAR!

Diçum taudypa trick

patrickdadalto

Instinto animal

O tempo aqui em casa nublou, aí o Farofa (minha arara) começou a gritar; mesmo sem ele ver, ele sente. A irracionalidade dos animais é espetacular, quisera eu ser irracional como os animais!

Eles não precisam pensar, a gente também não precisa pensar, basta aprender a sentir. Em todo roteiro da minha vida, minha experiência, eu não pude fazer, praticamente, qualquer escolha; eu apenas sentia e seguia. Às vezes, que eu tentei ter uma escolha na minha vida, foi o mesmo que dar cabeçada em meu próprio punho, socando a mim mesmo.

Acredito que é sobre a sensibilidade da gente enxergar o que a gente precisa fazer na vida, porque o nosso roteiro pessoal de vida já está escrito. Acredito que a partir do momento, que a gente engole um pouquinho do ego, um pouquinho do orgulho começa a ter o nosso instinto animal, que é o melhor possível, instinto animal é algo bom, o que, muitas vezes, é algo ruim é instinto humano.

Instinto humano é aquele que mata por ego, mata por orgulho, mata por poder, por sentimento ruim. Animal mata por sobrevivência. Quisera eu ser irracional como eles. Até mesmo as plantas se voltam totalmente para a luz, totalmente ao sol, e elas não pensam, porém nós pensamos, no entanto, a tentação do escuro é muito mais forte no direcionamento da nossa vida do que o da luz.

Graças a Deus que os animais e as plantas são irracionais. A nossa razão serve para quê mesmo? Algumas plantas até ficam meio esquisitas, meio tortas. Contudo, se pararmos para observar, elas se entortaram só para buscar a luz. De vez em quando, elas saem do próprio eixo, todavia, elas confiam na raiz que têm.

Que um dia nós tenhamos a maturidade e a esperteza, a inteligência da natureza, que é irracional, basta sentir...

"O que é Pai, o que o Senhor quer? O que mesmo estou fazendo por aqui? O que eu tenho que fazer por aqui?" ...e sem pensar muito, sendo irracional, a gente vai lá e a gente faz.

Nos últimos anos, o que mais tem me encantado é a irracionalidade das minhocas – em como transformar lixo em vida, com a compostagem.

Ao nosso alcance

Muitas coisas que desejamos que aconteça, não estão ao nosso alcance.

Muitas coisas que algumas pessoas desejam que aconteça, não estão ao alcance delas…

Muitas vezes, nós podemos fazer essas pessoas alcançarem, sermos um "anjo" na vida delas, realizando o que elas pediram a Deus!

Muitas vezes, alguém pode fazer o mesmo por nós, nos dando a mão para alcançarmos o que achamos ser inalcançável.

Seja essa pessoa por alguém, o resto estará nas mãos de alguém muito justo para resolver!

Filosofia da Mochila

Na vida, é como se a gente tivesse sempre carregando uma mochila, pense só: tudo o que a gente faz, tudo o que a gente vive, a gente traz um pouquinho de uma pessoa, traz um pouquinho de outra, um pouquinho de um trabalho, um pouquinho de uma circunstância, de um acontecido, de uma dor ou de uma felicidade... e a gente vai acumulando na mochila.

Quando a gente começa a acumular muito, a pesar demais, ficar desconfortável, a gente começa a não conseguir andar.

Então, o que a gente deve fazer? Começar a tirar coisas da mochila: tirar pessoas, tirar trabalhos, coisas passadas da mochila, tirar tudo o que não utilizamos mais, inclusive coisas boas, e deixar apenas algumas pequenas lembranças, para a mochila ficar sempre, na medida do possível, confortável de se carregar, que dê para gente caminhar com paz, com tranquilidade, sem peso, sem muito esforço, mas também sempre com um espacinho para poder trazer coisas novas daquilo que a gente viver, do que encontrarmos "por acaso" no caminho. É só assim que se consegue viver o agora.

Tente imaginar uma mochila pesada, que vai pesando a cada passo, até não te permitir andar. Desse modo, você não vai andar, vai ficar parado, de repente a mochila até vai te colocar no chão, te pressionar ao chão, e não vai te permitir respirar, porque tem muita tralha na sua mochila que você não conseguiu tirar, não conseguiu abrir mão.

Abra sua mochila e dê uma revisada; abra um espacinho para as coisas novas, as bagagens novas, as vidas novas, as felicidades novas. Troque uma felicidade, de repente, fútil, de antes, por uma mais madura, mais espiritualizada, de acordo com sua "bagagem" de agora, em busca de crescimento, de evolução, em busca de estar um pouquinho mais próximo a Deus.

 **REFLETEESSALUZ**

O QUE TEM AÍ EM SUA MOCHILA, QUE É REALMENTE IMPORTANTE PARA O MOMENTO, QUE VOCÊ ESTÁ VIVENDO, PARA O CICLO QUE VOCÊ ESTÁ VIVENDO? DE REPENTE, AINDA TEM MUITA BAGAGEM DE CICLOS ANTERIORES. LARGUE ESSATRALHA, BORA VIVER, BORA CRESCER, BORA EVOLUIR...

BOA VIAGEM!

Diçum taudypa trick

 patrickdadalto

Ambição, o céu é o limite

Encontre o limite de sua ambição, que o céu seja o limite apenas para nossa evolução.

Quanto custa a sua ambição?

Quanto você paga por ela?

Quanto você paga de valores e não de preço?

Quanto você paga de tempo, de sentimentos, de ausências, de "agoras" que não pode viver e precisou adiar?

Quanto você paga de amores?

Reflita: isso tudo é para você sentir ou é só para se mostrar?

Não crie metas para o seu ego alimentar. Já conversou com a ambição pra saber por que ela existe e aonde ela quer te levar?

Até, se por acaso, é lá que você quer estar?

Ou se ela existe só pra algum vazio você poder ocupar?

De repente, pra ser melhor que alguém, se esse for o caso, você pode tudo conquistar.

Mas, assim você sempre se sentirá um ninguém.

Ela pode lhe dar tudo de material que você almejar, menos tudo aquilo que o dinheiro não pode comprar.

O tal do invisível aos olhos, já ouviu falar?

Viver teoria X prática

Acredito que o viver na prática é a gente construir a nossa própria teoria. Já que falei em construção, vamos levantar essa parede juntos.

A teoria é como se fosse o tijolo, a prática é como se fosse a liga, o cimento. Se a gente colocar só teoria, tijolo sobre tijolo, tijolo, tijolo, a gente não vai ter estabilidade, a parede poderá nos derrubar. A teoria é ótima, faz crescer, mas sozinha, não funciona.

Viver só de prática pode nos dar bastante confiança e firmeza, porém não traz muito crescimento. Viver meramente de prática nos deixa durões, rígidos, brutos, bem achatados dentro da nossa dureza, limitados ao nosso próprio conhecimento, incapazes de aceitar uma opinião diferente, aprender algo novo. A mentalidade fica dura, feito uma pedra, feito concreto!

O ideal é encontrar a medida certa entre teoria e prática, aprendendo e vivendo. Somente assim, nosso castelo vai ser construído com segurança e na altura certa, que nossa vida precisa!

REFLETINDO SUA PRÓPRIA LUZ!
Se o que você leu fosse um espelho o que ele refletiria?

#REFLETEESSALUZ

SE FOSSE PARA VOCÊ FALAR QUE AMA A DEUS, PELO MENOS UMA VEZ POR SEMANA, COM AS SUAS ATITUDES, VOCÊ TERIA O QUE DIZER?

Diçum taudypa trick

patrickdadalto

Chance de ser feliz

Quando no seu dia acontece algo, ou alguma chance de você fazer algo por alguém, algo por um animal, alguma coisa que aparece para você, tente enxergar como se fosse um presente. Um presente que é uma oportunidade de crescimento, uma oportunidade de evoluir, é uma oportunidade de você ser feliz.

Mude um pouquinho a ideia, mude um pouquinho a concepção. Apareceu uma chance de você ser útil, em vez de virar a cara e fingir que não é com você, diga "que bom, que isso apareceu justamente para mim, eu tinha que estar aqui nesse momento."

É nessa hora que a gente está sendo visto pelo Pai e pela espiritualidade, quando a gente tem a oportunidade de fazer por alguém. Eu acredito que somos testados a todo momento. É dessa forma que eu vejo Deus lá em cima, olhando pra baixo e nos vendo...

Nós: "Eu te amo, Deus, eu dou a minha vida pelo Senhor, Pai, eu sou muito grato, Pai!"

Deus: "Uai, mas não faz nada que eu peço, não?

Cambada de sem-vergonha!!"

Sou um idiota

Quando alguém é maltratado, seja no trabalho, quando lhe passam a perna; um amigo que faz uma sacanagem e deixa de ser amigo; seja uma traição; seja no trânsito diante de uma situação em que alguém comete uma infração, e o outro não reage, silencia apenas, não responde nem devolve aquela maldade, a gente avalia como "nossa que pessoa boba, que pessoa idiota."

"Você não vai fazer nada? Olha o que fizeram com você". No nosso olhar, a falta de reação da pessoa ofendida ou prejudicada a torna pequena; vamos mudar um pouquinho de opinião, mudar um pouquinho o nosso ponto de vista.

Quem consegue "engolir", quem consegue segurar, quem consegue manter a paz é de uma grandiosidade absurda. Por vezes, fazem algo com a gente: "eu sou muito idiota, como pude passar por isso e não fazer nada…". DEIXE, e continue assim. É aquela coisa de "dar a outra face para bater", mas dar a outra face para bater em outro sentido: "continue isso, continue sendo quem você é", não deixe que a maldade que fazem com você desconstrua o seu eu, a sua personalidade.

A gente oferece o que tem dentro de nós, e ao invés da gente motivar o colega ou o conhecido, "colocando mais lenha na fogueira", quando algo acontece, mude, elogie: "você é muito grandioso por pensar assim e por agir assim."

Acredito sim que é possível dar o troco em alguém, nos vingar de alguém, mas de repente se esse alguém não muda, a maior vingança que podemos oferecer é o nosso afastamento.

Deus por um dia

Se fosse Deus por um dia, o que faria?

Acabar com a fome? Por um dia só, não adiantaria.

Pedir bondade? Por um dia só, não resolveria.

A ingratidão? Essa sim faria diferença, mesmo por um dia, cada um perdendo aquilo que despreza.

Essas seriam a sentenças...

...eu odeio meu emprego. DESEMPREGADO

...eu queria ter olhos claros. NÃO ENXERGA.

...eu queria ter pais melhores. ÓRFÃO.

...eu odeio os meus cabelos. CARECA.

...eu queria uma casa melhor. SEM TETO.

...eu não gosto dos meus sapatos. DESCALÇO OU SEM PÉS.

...nossa! Meu filho é muito bagunceiro não para um minuto, Deus me livre. LIVREI.

Ultimamente, o mundo está muito descartável; reencontre valor nas coisas e nas pessoas diariamente: na família, no trabalho, nos amigos, no casamento, antes que tudo isso não exista mais, e sua vida vire um grande lamento.

#REFLETEESSALUZ

ATÉ QUE PONTO A SUA VIDA É UMA COREOGRAFIA CRIADA PELOS OUTROS, E VOCÊ SÓ REPRODUZ? ESQUEÇA A COREOGRAFIA E DANCE DO JEITO QUE VOCÊ QUISER. É SOBRE DAR A LIBERDADE DO CORPO SENTIR, VOCÊ SENTIR, VOCÊ VIVER!

Diçum taudypa trick

○ patrickdadalto

Pecinhas do quebra-cabeça

"Nossa Patrick, eu queria ser assim igual a você, sair assim fazendo as coisas... oferecendo alegria, amor ao próximo, mas eu tenho família, a minha vida hoje é difícil, é difícil eu reprogramar."

PARE!!!

...o Pai e a espiritualidade criaram o mundo perfeito. O mundo perfeito é cada um ser sua pecinha de um quebra-cabeça. O grande problema é cada um não valorizar os seus encaixes. Cada um tem o seu encaixe, cada um tem o seu propósito.

O Patrick, "isso aqui não sou eu!" Isso aqui, do que eu vivo hoje, 50% vêm de Papai, Mamãe e meu irmão, os outros 50% vêm do trabalho do Pai e da espiritualidade. Eu sou apenas uma mistura do que eles mandaram em equipe, para o universo do propósito deles.

Então, muitas vezes, não adianta a gente ir lá e fazer não fazendo dentro de casa, não dando atenção, amor e luz aos filhos, aos pais, às mães, aos avós, a um animal, que está dentro de casa, carente de amor, carente de atenção.

Inúmeras vezes, o propósito está dentro de casa, não se iguala ao Patrick não, eu não quis essa vida, não planejei, mas era tudo que eu precisava.

Não tem como um tronco e uma raiz darem as sementes, então papai, mamãe e meu irmão foram a raiz e foram a árvore, o tronco cresceu, eu fui o fruto, o fruto deles. De repente, eles não conseguiriam dar as sementes, pela direção dada pela espiritualidade na vida deles; até mesmo se a minha vida fosse de acordo com minha vontade inicial, com família e filhos, minha função no universo seria diferente, não menor, nem maior, apenas diferente.

Hoje, por ter sido fruto de uma árvore muito saudável, espiritualizada, eu sou um fruto e dentro desse fruto, saindo dessa árvore eu consigo oferecer algumas sementes saudáveis também, e muitos que irão ler este livro serão essas sementes também.

Cada um tem o seu espaço, cada um tem os seus encaixes perfeitos dentro do mundo perfeito que o Pai criou. Aceite os valores e as diferenças que você tem, valorize. Eu só passei a valorizar a minha arte, quando eu pude reconhecer o efeito que ela tinha na vida do próximo, na vida do carente.

Sonhos

Jamais realizei qualquer sonho meu; todos os meus sonhos foram fracassados, graças a Deus. Eu sou uma somatória de muitos sonhos fracassados.

Minha vida não é o que eu queria, mas era tudo o que eu mais precisava. E quem disse que eu sabia o que era o certo?

Não é o que eu quero, é o que Ele quer!

Lembre-se do que falamos em uma oração conhecida nossa: "Seja feita a Tua vontade!"

Acredito que nesse momento estou "de propósito maior" finalizando este livro. Se algo por aqui te fez bem, te motivou a fazer algo, não perca esse sentimento, essa sensação, essa luz; aproveite o tempo e faça algo, que seja um eu te amo, um perdão, um abraço ou uma oração, utilize como um empurrão para te ajudar na sua evolução!

Meu propósito não é escrever este livro, meu propósito é o que ficará dentro de você, após ler este livro!

Espero que tenha gostado da viagem, agora é aquele momento, que olho para trás e multiplico em mim o nível de gratidão, agradecendo a Deus por mais essa viagem. Porém agora, nessa estrada da literatura, não na condição de um escritor, mas de um "falador que escreve", ou poderia ser também de um "falador que escreve E VIVE o que escreve."

Nesse exato momento, eu estou preparando a próxima viagem, Babalu e eu, saindo do RJ e seguindo para PI, TO, MA, PA e AP algumas semanas tendo a estrada como casa, sorriso como alimento, Deus e toda espiritualidade como Seguro do Automóvel e de Vida, afinal, que seja feita a Vossa vontade, SEMPRE.

Ah! Antes de abrir a sua porta me veio à cabeça uma das últimas viagens, após alguns riscos de vida que passamos (Babalu e eu) no sul da Bahia, devido às grandes enchentes por lá; foi maravilhoso ver milhares de sorrisos em meio à muita dor e sofrimento.

Alguns riscos sérios de o carro deslizar em meio à muita lama, e não havendo possibilidades para ir para frente nem mesmo voltar, atolado mais de 10 vezes no meio da madrugada; em alguns locais passava de porta quase aberta com Babalu no colo, pronto para pular com ela se o carro caísse; com a gasolina na reserva e o único posto há mais de 100km.

Até que atolei em uma subida, que não daria mais para sair, nem cavando com as mãos na frente dos pneus como estava fazendo, ali o carro ficou, quase dentro de um metro de lama, o carro também não ligava mais.

Parei, olhei para o céu, mesmo sem nada ver, não havia lua, nem estrelas, só a orquestra de grilos e pássaros assustadores, mas dentro da minha paz, olhei para cima e disse:

"Pai, o Senhor é um sem-vergonha, agora o Senhor se vira pra me tirar daqui, estou aqui por sua culpa; olha nem vou me preocupar com isso, se vira."

Deitei o banco, e a Babalu veio se deitar em cima de mim e dormimos. Cerca de uma hora depois, um clarão preencheu o carro, pensei:

"Pai o Senhor é FODA mesmo, hein"!

E não é que Ele apareceu por lá para me ajudar, e não foi só uma ajudazinha. Para se ter ideia do trabalho que deu, Ele parou a viagem Dele e ficou me ajudando por quase onze horas, até me ver em segurança e me deixar ir embora.

Veio me dizer que eu tive "sorte" de ter pegado o caminho "errado", pois Ele havia tomado o caminho certo, e havia um pedaço da estrada que estava com apenas alguns centímetros de terra, havia um vão embaixo, eu simplesmente passaria despercebido e aquela fina camada de chão iria romper, nos levando ladeira abaixo. Ele ainda manipulou meu *GPS* para eu errar o caminho, tem noção?

Ah! E o Sem-Vergonha no final ainda tentou me enganar, dizendo que o nome era lago, lago Brito!

Fiz de conta que acreditei!

#REFLETEESSALUZ

SUCESSO NÃO É SOBRE O QUE NÓS CONQUISTAMOS, MAS SOBRE O QUE CONSEGUIMOS PLANTAR NO CORAÇÃO E NA ALMA DAS PESSOAS, PELO QUE FAZEMOS DA NOSSA VIDA!

SE SUA VIDA SERVE DE INSPIRAÇÃO PARA ALGUÉM, VOCÊ É UM SUCESSO!

Diçum taudypa trick

patrickdadalto

REFLETINDO SUA PRÓPRIA LUZ!
Se o que você leu fosse um espelho o que ele refletiria?